Erfolgreich im B2B-Vertrieb:

Strategien und Techniken für nachhaltige Geschäftsbeziehungen

Autor: Andreas Sawall

Inhaltsverzeichnis:

Kapitel 4 Vertriebsstrategien im B2B-Umfeld

4.1 Account-Management: Vom Kundenbetreuer zum strategischen Partner

4.2 Value Selling: Den Mehrwert für Kunden kommunizieren

4.3 Lösungsorientierter Verkauf: Probleme lösen statt Produkte verkaufen

4.4 Cross-Selling und Upselling: Bestehende Kunden weiterentwickeln

Kapitel 5 Verkaufstechniken und Verhandlungsführung

5.1 Consultative Selling: Den Kunden beraten und Lösungen bieten

5.2 Die Kunst des Zuhörens: Kundenbedürfnisse verstehen

5.3 Überzeugende Präsentationen und Verkaufsgespräche führen

5.4 Effektive Verhandlungsstrategien im B2B-Umfeld

Kapitel 6 Key Account Management

6.1 Definition und Ziele des Key Account Managements

6.2 Aufbau einer langfristigen und erfolgreichen Geschäftsbeziehung

6.3 Kundenbindung und Kundenentwicklung im Key Account Management

Vorwort des Autors

Liebe Leserinnen und Leser,

ich freue mich sehr, Ihnen mein Buch "Erfolgreich im B2B-Vertrieb" präsentieren zu dürfen. Als langjähriger Vertriebsexperte im Business-to-Business-Bereich war es mir ein Anliegen, meine Erfahrungen, Erkenntnisse und bewährten Strategien in diesem umfassenden Leitfaden zu teilen.

Der B2B-Vertrieb ist eine faszinierende, aber auch herausfordernde Disziplin. Unternehmen stehen vor der Aufgabe, nicht nur hochwertige Produkte und Dienstleistungen anzubieten, sondern auch komplexe Vertriebsstrukturen aufzubauen und langfristige Beziehungen zu ihren Kunden zu pflegen. Dabei ist es unerlässlich, die ständig wachsenden Anforderungen des Marktes und die Chancen der Digitalisierung zu nutzen.

In diesem Buch habe ich mein Bestes gegeben, um Ihnen einen umfassenden Überblick über alle relevanten Aspekte des B2B-Vertriebs zu geben. Sie werden erfahren, wie Sie Ihre Zielgruppe definieren, eine effektive Vertriebsstrategie entwickeln und Ihren Vertriebsprozess optimieren können. Darüber hinaus widme ich mich der Bedeutung einer exzellenten Kundenbetreuung, der Integration von digitalen Technologien und der Kunst der erfolgreichen Verhandlungsführung.

Mein Ziel ist es, Ihnen nicht nur theoretisches Wissen zu vermitteln, sondern auch praktische Tipps und Anleitungen zu geben, die Sie in Ihrem beruflichen Alltag umsetzen können.

Ich möchte Sie ermutigen, neue Wege zu gehen, Ihre Vertriebsstrategien zu hinterfragen und sich kontinuierlich weiterzuentwickeln. Denn der B2B-Vertrieb ist kein statisches Feld, sondern unterliegt ständigem Wandel und eröffnet immer wieder neue Möglichkeiten.

Ich hoffe, dass Ihnen dieses Buch dabei hilft, Ihre Vertriebsaktivitäten zu optimieren und erfolgreich im B2B-Vertrieb zu sein. Seien Sie mutig, seien Sie innovativ und vor allem: Bleiben Sie stets an den Bedürfnissen Ihrer Kunden orientiert. Denn sie sind der Schlüssel zum Erfolg.

Ich wünsche Ihnen viel Freude beim Lesen und hoffe, dass Sie aus diesem Buch wertvolle Erkenntnisse und Inspiration für Ihre berufliche Laufbahn im B2B-Vertrieb gewinnen können.

Mit herzlichen Grüßen,

Andreas Sawall

Einleitung

Erfolgreicher B2B-Vertrieb spielt eine entscheidende Rolle für Unternehmen, um langfristige Geschäftsbeziehungen aufzubauen und Umsätze zu steigern. In diesem umfassenden Buch werden Strategien und Techniken vorgestellt, die Ihnen helfen, im B2B-Vertrieb erfolgreich zu sein. Der Autor Andreas Sawall bringt seine umfangreiche Erfahrung im Vertriebsbereich ein und bietet praxisnahe Tipps und Ratschläge, die Ihnen dabei helfen, Ihre Vertriebsziele zu erreichen.

Zusammenfassung der Kapitel

Kapitel 1: Grundlagen des B2B-Vertriebs

In diesem Kapitel werden die grundlegenden Unterschiede zwischen B2B- und B2C-Vertrieb erläutert. Sie erfahren, welche Rolle der Vertrieb im B2B-Umfeld spielt und welche Erfolgsfaktoren für einen effektiven B2B-Vertrieb entscheidend sind.

Kapitel 2: Die Bedeutung von Beziehungen im B2B-Vertrieb

Beziehungen spielen im B2B-Vertrieb eine zentrale Rolle. In diesem Kapitel lernen Sie, wie Sie Geschäftsbeziehungen aufbauen und pflegen können. Networking-Strategien und der Aufbau von Vertrauen werden ebenso behandelt wie der langfristige Nutzen stabiler Kundenbeziehungen.

Kapitel 3: Zielgruppenanalyse und Kundenakquise

Eine effektive Zielgruppenanalyse ist der Schlüssel zur erfolgreichen Kundenakquise. In diesem Kapitel erfahren Sie, wie Sie Ihre Zielgruppe identifizieren und ein ideales Kundenprofil erstellen können. Zudem werden verschiedene Methoden der Kundenakquise im B2B-Vertrieb vorgestellt.

Kapitel 4: Vertriebsstrategien im B2B-Umfeld

Hier lernen Sie unterschiedliche Vertriebsstrategien kennen, die im B2B-Umfeld erfolgreich eingesetzt werden können. Account-Management, Value Selling, lösungsorientierter Verkauf sowie Cross-Selling und Upselling werden ausführlich erläutert und anhand von Praxisbeispielen verdeutlicht.

Kapitel 5: Verkaufstechniken und Verhandlungsführung im B2B-Vertrieb

Erfolgreiche Verkaufstechniken und Verhandlungsführung sind im B2B-Vertrieb unverzichtbar. In diesem Kapitel werden Sie mit den Grundlagen des Consultative Selling vertraut gemacht, lernen die Bedeutung des Zuhörens kennen und erhalten praktische Tipps für überzeugende Präsentationen und Verhandlungsgespräche.

Kapitel 6: Key Account Management

Das Key Account Management konzentriert sich auf die Pflege und Entwicklung von Schlüsselkunden. Hier erfahren Sie, wie Sie langfristige und erfolgreiche Geschäftsbeziehungen aufbauen und wie Sie Ihre Key Accounts effektiv betreuen und weiterentwickeln können.

Kapitel 7: Digitalisierung im B2B-Vertrieb

Die Digitalisierung hat auch den B2B-Vertrieb stark beeinflusst. In diesem Kapitel werden die Bedeutung von Technologie und Digitalisierung im Vertrieb erläutert. Es werden Themen wie Customer Relationship Management (CRM), Online-Marketing und Social Selling behandelt.

Kapitel 8: Erfolgsmessung und Performance-Management

Um den Erfolg im B2B-Vertrieb zu messen und zu steigern, ist ein effektives Performance-Management erforderlich. In diesem Kapitel lernen Sie verschiedene Key Performance Indicators (KPIs) kennen und erfahren, wie Sie Ihr Vertriebsteam kontrollieren, messen und optimieren können.

Kapitel 9: Herausforderungen im B2B-Vertrieb

Der B2B-Vertrieb birgt seine eigenen Herausforderungen. In diesem Kapitel werden Themen wie Preisverhandlungen, Margendruck, lange Verkaufszyklen und komplexe Entscheidungsprozesse behandelt. Sie erhalten praktische Tipps, wie Sie mit diesen Herausforderungen umgehen und erfolgreich sein können.

Kapitel 10: Zukunftstrends im B2B-Vertrieb

Abschließend werfen wir einen Blick auf zukünftige Entwicklungen im B2B-Vertrieb. Künstliche Intelligenz, Automatisierung, Personalisierung und Individualisierung werden als wichtige Trends im B2B-Vertrieb diskutiert.

Kapitel 1: Grundlagen des B2B-Vertriebs

Einleitung:

Der B2B-Vertrieb, auch bekannt als Business-to-Business-Vertrieb, ist ein zentraler Bestandteil vieler Unternehmen. Im Gegensatz zum B2C-Vertrieb, bei dem Produkte oder Dienstleistungen an Endverbraucher verkauft werden, konzentriert sich der B2B-Vertrieb auf den Verkauf an andere Unternehmen.

1.1 Unterschiede zwischen B2B- und B2C-Vertrieb:

Um die Besonderheiten des B2B-Vertriebs zu verstehen, ist es wichtig, die Unterschiede zum B2C-Vertrieb zu kennen. Im B2B-Vertrieb sind die Verkaufszyklen oft länger, die Entscheidungsprozesse komplexer und die Kaufvolumina in der Regel höher. Zudem spielt die Beziehungsgestaltung eine größere Rolle, da Geschäftsentscheidungen auf Vertrauen und langfristigen Partnerschaften basieren.

1.2 Die Rolle des Vertriebs im B2B-Umfeld:

Der Vertrieb nimmt im B2B-Kontext eine Schlüsselposition ein. Er ist verantwortlich für die Gewinnung neuer Kunden, die Betreuung bestehender Kunden und den Aufbau nachhaltiger Geschäftsbeziehungen. Der Vertrieb trägt maßgeblich zum Wachstum und Erfolg eines Unternehmens bei, indem er Umsätze steigert und langfristige Kundenbindungen aufbaut.

1.3 Erfolgsfaktoren im B2B-Vertrieb:

Im B2B-Vertrieb gibt es bestimmte Erfolgsfaktoren, die es zu beachten gilt. Dazu gehören:

1.3.1 Kundenorientierung: Ein erfolgreiches B2B-Unternehmen muss die Bedürfnisse und Anforderungen seiner Kunden verstehen und darauf eingehen können. Kundenzentriertheit ist daher von entscheidender Bedeutung.

1.3.2 Produkt- und Marktkenntnisse: Um im B2B-Vertrieb erfolgreich zu sein, ist ein fundiertes Wissen über die eigenen Produkte oder Dienstleistungen sowie über den Markt, in dem man agiert, unerlässlich. Nur so kann man die Vorteile und den Mehrwert für Kunden deutlich kommunizieren.

1.3.3 Beziehungsaufbau: Geschäftsbeziehungen sind im B2B-Vertrieb von großer Bedeutung. Der Aufbau und die Pflege von langfristigen Partnerschaften basierend auf Vertrauen und Zusammenarbeit sind ausschlaggebend für den Erfolg.

1.3.4 Effektive Kommunikation: Eine klare und überzeugende Kommunikation ist im B2B-Vertrieb unverzichtbar. Der Vertriebsmitarbeiter muss in der Lage sein, Kunden von den Vorteilen des eigenen Angebots zu überzeugen und gleichzeitig gut zuzuhören, um die spezifischen Anforderungen des Kunden zu verstehen.

1.3.5 Anpassungsfähigkeit: Der B2B-Vertrieb ist einem ständigen Wandel unterworfen. Es ist wichtig, flexibel zu sein und sich den sich ändernden Marktsituationen, Kundenbedürfnissen und Technologien anzupassen.

In diesem Kapitel haben wir einen ersten Einblick in die Grundlagen des B2B-Vertriebs gewonnen. Wir haben die Unterschiede zum B2C-Vertrieb betrachtet, die Rolle des Vertriebs im B2B-Umfeld beleuchtet und wichtige Erfolgsfaktoren identifiziert. Im nächsten Kapitel werden wir uns damit befassen, wie man erfolgreiche Geschäftsbeziehungen im B2B-Vertrieb aufbauen und pflegen kann.

Kapitel 2: Die Bedeutung von Beziehungen im B2B-Vertrieb

Einleitung:

Im B2B-Vertrieb spielen Beziehungen eine zentrale Rolle. Geschäftsentscheidungen basieren oft auf Vertrauen, langfristigen Partnerschaften und einer guten Zusammenarbeit zwischen Unternehmen. In diesem Kapitel werden wir uns mit dem Aufbau und der Pflege von Geschäftsbeziehungen im B2B-Vertrieb befassen sowie verschiedene Strategien und Techniken kennenlernen, um starke und nachhaltige Beziehungen zu etablieren.

2.1 Aufbau und Pflege von Geschäftsbeziehungen:

Der Aufbau von Geschäftsbeziehungen beginnt bereits in der Phase der Kundenakquise. Es ist wichtig, das Unternehmen und seine Produkte oder Dienstleistungen authentisch und überzeugend zu präsentieren. Die Grundlage einer erfolgreichen Beziehung ist ein tieferes Verständnis für die Bedürfnisse, Herausforderungen und Ziele des potenziellen Kunden.

Um Geschäftsbeziehungen erfolgreich zu pflegen, ist regelmäßige Kommunikation unerlässlich. Das beinhaltet nicht nur den Austausch von Informationen, sondern auch das Zuhören und Verstehen der Anliegen und Wünsche des Kunden. Der Vertriebsmitarbeiter sollte stets proaktiv sein und den Kunden unterstützen, Lösungen für seine Probleme zu finden.

2.2 Networking und Relationship Building:

Networking ist eine wichtige Komponente des B2B-Vertriebs. Es ermöglicht den Aufbau von wertvollen Kontakten und bietet Möglichkeiten zur Erweiterung des Kundenstamms. Networking-Veranstaltungen, Branchenkonferenzen und Online-Plattformen bieten ideale Gelegenheiten, um potenzielle Kunden kennenzulernen und Beziehungen aufzubauen.

Beim Relationship Building geht es darum, bestehende Geschäftsbeziehungen zu vertiefen und zu festigen. Dies kann durch regelmäßige Besuche, persönliche Treffen oder Veranstaltungen, die das Vertrauen stärken, erreicht werden. Es ist wichtig, ein verlässlicher Partner zu sein und die Bedürfnisse des Kunden kontinuierlich zu erfüllen.

2.3 Vertrauen als Grundlage für erfolgreichen Vertrieb:

Vertrauen ist das Fundament einer jeden erfolgreichen Geschäftsbeziehung. Es wird nicht von heute auf morgen aufgebaut, sondern entwickelt sich über einen längeren Zeitraum. Um das Vertrauen des Kunden zu gewinnen, ist Ehrlichkeit, Transparenz und Zuverlässigkeit von großer Bedeutung. Versprechen sollten stets eingehalten und offene Kommunikation gepflegt werden.

Um das Vertrauen des Kunden zu festigen, ist es wichtig, über den reinen Verkaufsprozess hinauszudenken. Der Vertriebsmitarbeiter sollte als Berater und Problemlöser auftreten, der dem Kunden dabei hilft, seine Ziele zu erreichen und Mehrwert zu generieren.

Abschließend lässt sich sagen, dass der Aufbau und die Pflege von Geschäftsbeziehungen im B2B-Vertrieb von zentraler Bedeutung sind. Es geht nicht nur um den Verkauf von Produkten oder Dienstleistungen, sondern um den Aufbau langfristiger Partnerschaften, die auf Vertrauen und Zusammenarbeit basieren. Im nächsten Kapitel werden wir uns mit der Zielgruppenanalyse und Kundenakquise im B2B-Vertrieb befassen.

Kapitel 3: Zielgruppenanalyse und Kundenakquise im B2B-Vertrieb

Um im B2B-Vertrieb erfolgreich zu sein, ist es entscheidend, die richtigen Zielgruppen zu identifizieren und effektive Strategien für die Kundenakquise einzusetzen. In diesem Kapitel werden wir uns mit der Zielgruppenanalyse und verschiedenen Methoden der Kundenakquise im B2B-Vertrieb auseinandersetzen.

3.1 Zielgruppenanalyse im B2B-Vertrieb:

Eine gründliche Zielgruppenanalyse ist der Ausgangspunkt für einen erfolgreichen B2B-Vertrieb. Sie hilft dabei, potenzielle Kunden zu identifizieren, deren Bedürfnisse und Anforderungen zu verstehen und passgenaue Lösungen anzubieten. Bei der Zielgruppenanalyse sollten folgende Aspekte berücksichtigt werden:

3.1.1 Branchen- und Marktauswahl: Es ist wichtig, die Branchen und Märkte zu identifizieren, in denen das eigene Produkt oder die Dienstleistung besonders gefragt ist oder einen Mehrwert bieten kann. Eine gezielte Fokussierung ermöglicht eine effizientere Ressourcenallokation und eine zielgerichtete Kundenansprache.

3.1.2 Kundensegmentierung: Die Zielgruppe kann weiter in verschiedene Kundensegmente unterteilt werden, basierend auf gemeinsamen Merkmalen wie Unternehmensgröße, Branche, geografischer Lage oder Bedürfnissen. Durch die

Segmentierung kann der Vertrieb seine Aktivitäten besser auf die spezifischen Anforderungen jedes Segments abstimmen.

3.1.3 Buyer Personas: Buyer Personas sind fiktive, aber realitätsnahe Profile von typischen Kunden. Sie helfen dabei, die Zielgruppe besser zu verstehen und deren Motivationen, Herausforderungen und Kaufverhalten zu erfassen. Durch die Erstellung von Buyer Personas kann der Vertrieb seine Kommunikation und Marketingaktivitäten gezielt auf die Bedürfnisse der Kunden ausrichten.

3.2 Kundenakquise im B2B-Vertrieb:

Nachdem die Zielgruppenanalyse abgeschlossen ist, geht es darum, neue Kunden zu gewinnen. Es gibt verschiedene bewährte Methoden und Strategien, die im B2B-Vertrieb effektiv eingesetzt werden können:

3.2.1 Netzwerken und Empfehlungen: Empfehlungen und persönliche Kontakte spielen im B2B-Vertrieb eine wichtige Rolle. Durch den Aufbau eines starken Netzwerks und die Pflege von Beziehungen zu bestehenden Kunden, Partnern und Branchenkontakten können wertvolle Empfehlungen generiert werden.

3.2.2 Content-Marketing: Content-Marketing zielt darauf ab, hochwertige Inhalte zu erstellen und zu teilen, um potenzielle Kunden anzuziehen und sie mit relevanten Informationen zu versorgen. Durch die Bereitstellung von Mehrwert können Unternehmen ihre Expertise und Glaubwürdigkeit demonstrieren und potenzielle Kunden für sich gewinnen.

3.2.3 Direkte Ansprache: Die direkte Ansprache von potenziellen Kunden kann durch verschiedene Methoden erfolgen, wie beispielsweise telefonische Kontaktaufnahme, E-Mail-Kampagnen oder persönliche Besuche. Eine personalisierte und gut recherchierte Ansprache ist dabei entscheidend, um das Interesse des Kunden zu wecken.

3.2.4 Messen und Veranstaltungen: Messen und Branchenveranstaltungen bieten eine hervorragende Möglichkeit, potenzielle Kunden persönlich zu treffen und Kontakte zu knüpfen. Durch die aktive Teilnahme an relevanten Veranstaltungen können Unternehmen ihre Sichtbarkeit erhöhen und potenzielle Kunden direkt ansprechen.

3.2.5 Social Selling: Social Selling bezieht sich auf den Einsatz von sozialen Medien zur Kundenakquise und -pflege. Durch den gezielten Aufbau von Beziehungen, das Teilen relevanter Inhalte und die Interaktion mit potenziellen Kunden können Vertriebsmitarbeiter ihre Reichweite erhöhen und neue Geschäftsmöglichkeiten generieren.

Abschließend lässt sich sagen, dass eine fundierte Zielgruppenanalyse und effektive Kundenakquise wesentliche Schritte im B2B-Vertrieb sind. Durch das Verständnis der Zielgruppe und den Einsatz geeigneter Akquisitionsstrategien können Unternehmen neue Kunden gewinnen und langfristige Geschäftsbeziehungen aufbauen. Im nächsten Kapitel werden wir uns mit Verhandlungsstrategien und -techniken im B2B-Vertrieb beschäftigen.

Kapitel 4: Verhandlungsstrategien und -techniken im B2B-Vertrieb

Einleitung:

Verhandlungen sind ein essentieller Bestandteil des B2B-Vertriebsprozesses. Sie dienen dazu, Einigungspunkte zu finden, Verträge abzuschließen und Win-Win-Situationen für beide Seiten zu schaffen. In diesem Kapitel werden wir uns mit Verhandlungsstrategien und -techniken im B2B-Vertrieb auseinandersetzen, um erfolgreich Verhandlungen führen zu können.

4.1 Vorbereitung auf Verhandlungen:

Eine gründliche Vorbereitung ist entscheidend für erfolgreiche Verhandlungen. Dazu gehören folgende Schritte:

4.1.1 Zielsetzung: Klare Ziele für die Verhandlung setzen. Definieren Sie, was Sie erreichen möchten, sei es eine bestimmte Preisvereinbarung, Vertragsbedingungen oder andere Aspekte.

4.1.2 Informationen sammeln: Sammeln Sie Informationen über den potenziellen Kunden, seine Bedürfnisse, den Markt und die Wettbewerbssituation. Je besser Sie informiert sind, desto stärker sind Sie in der Verhandlungssituation.

4.1.3 BATNA festlegen: Bestimmen Sie Ihre beste Alternative zur Verhandlungsvereinbarung (Best Alternative to a Negotiated Agreement). Dadurch haben Sie einen

Vergleichspunkt und können Ihre Verhandlungsgrenzen besser einschätzen.

4.2 Verhandlungsstrategien im B2B-Vertrieb:

Es gibt verschiedene Verhandlungsstrategien, die im B2B-Vertrieb angewendet werden können. Hier sind einige bewährte Ansätze:

4.2.1 Kooperative Verhandlung: Bei dieser Strategie steht die Zusammenarbeit und Win-Win-Lösung im Vordergrund. Es wird versucht, gemeinsame Interessen zu identifizieren und auf eine für beide Seiten vorteilhafte Vereinbarung hinzuarbeiten.

4.2.2 Wettbewerbsorientierte Verhandlung: Hier liegt der Fokus auf der Durchsetzung eigener Interessen und Maximierung des eigenen Nutzens. Es wird versucht, Vorteile für das eigene Unternehmen zu erzielen, auch wenn dies auf Kosten des Kunden gehen kann.

4.2.3 Integrative Verhandlung: Diese Strategie zielt darauf ab, gemeinsam kreative Lösungen zu finden, die die Interessen beider Parteien berücksichtigen. Es geht darum, Mehrwert für beide Seiten zu schaffen und durch Kompromisse eine langfristige Beziehung zu fördern.

4.3 Verhandlungstechniken im B2B-Vertrieb:

Es gibt verschiedene Techniken, die in Verhandlungen angewendet werden können, um die gewünschten Ergebnisse zu erzielen:

4.3.1 Aktives Zuhören: Durch aktives Zuhören können Sie die Bedürfnisse und Anliegen des Kunden besser verstehen und darauf eingehen. Stellen Sie gezielte Fragen, wiederholen Sie Aussagen des Kunden und zeigen Sie Interesse an seinen Perspektiven.

4.3.2 Argumentation und Nutzenkommunikation: Präsentieren Sie Ihre Argumente klar und überzeugend. Zeigen Sie den Mehrwert und Nutzen, den Ihr Angebot für den Kunden bietet. Nutzen Sie Fakten, Daten und Erfolgsgeschichten, um Ihre Aussagen zu untermauern.

4.3.3 Kompromissbereitschaft: Seien Sie bereit, Kompromisse einzugehen und flexible Lösungen anzubieten. Dies zeigt Ihre Kooperationsbereitschaft und fördert eine positive Verhandlungsatmosphäre.

4.3.4 Umgang mit Einwänden: Antizipieren Sie mögliche Einwände des Kunden und bereiten Sie sich darauf vor. Reagieren Sie ruhig und sachlich auf Einwände und bieten Sie Lösungen an, um Bedenken auszuräumen.

4.4 Umgang mit schwierigen Verhandlungssituationen:

Manchmal können Verhandlungen schwierig sein, insbesondere wenn es um Preisverhandlungen, Vertragsbedingungen oder hohe Erwartungen geht. Hier sind einige Tipps, um mit solchen Situationen umzugehen:

4.4.1 Ruhe bewahren: Bleiben Sie ruhig und gelassen, auch wenn die Situation angespannt ist. Vermeiden Sie impulsives Verhalten oder persönliche Angriffe.

4.4.2 Alternative Lösungen suchen: Wenn eine Verhandlungssituation festgefahren ist, suchen Sie nach alternativen Lösungen. Vielleicht gibt es andere Aspekte, über die verhandelt werden kann, um eine Win-Win-Situation zu schaffen.

4.4.3 Flexibilität zeigen: Seien Sie bereit, flexibel zu sein und verschiedene Optionen zu prüfen. Dies zeigt Ihre Offenheit und die Bereitschaft, eine für beide Seiten akzeptable Lösung zu finden.

4.4.4 Professionelles Auftreten: Bleiben Sie professionell und respektvoll, unabhängig von der Schwierigkeit der Verhandlungssituation. Behalten Sie stets das langfristige Ziel einer guten Geschäftsbeziehung im Blick.

Abschließend lässt sich sagen, dass erfolgreiche Verhandlungen im B2B-Vertrieb eine sorgfältige Vorbereitung, die Anwendung geeigneter Strategien und Techniken sowie ein gutes Gespür für die Bedürfnisse des Kunden erfordern. Im nächsten Kapitel werden wir uns mit dem Thema Kundenservice und Kundenbindung im B2B-Vertrieb beschäftigen.

Kapitel 5: Kundenservice und Kundenbindung im B2B-Vertrieb

Einleitung:

Kundenservice und Kundenbindung sind entscheidende Faktoren für langfristigen Erfolg im B2B-Vertrieb. Zufriedene Kunden sind loyal, empfehlen Ihr Unternehmen weiter und tragen zu einem positiven Unternehmensimage bei. In diesem Kapitel werden wir uns mit verschiedenen Aspekten des Kundenservice und der Kundenbindung im B2B-Vertrieb auseinandersetzen.

5.1 Bedeutung von Kundenservice im B2B-Vertrieb:

Der Kundenservice spielt eine zentrale Rolle im B2B-Vertrieb, da er direkten Einfluss auf die Kundenzufriedenheit hat. Ein guter Kundenservice bietet folgende Vorteile:

5.1.1 Kundenzufriedenheit: Ein exzellenter Kundenservice führt zu hoher Kundenzufriedenheit. Zufriedene Kunden sind eher bereit, wieder bei Ihnen einzukaufen und positive Empfehlungen auszusprechen.

5.1.2 Kundenbindung: Durch einen herausragenden Kundenservice können langfristige Kundenbeziehungen aufgebaut werden. Kundenbindung ist von großer Bedeutung, da es in der Regel kostengünstiger ist, bestehende Kunden zu halten, als neue Kunden zu gewinnen.

5.1.3 Wettbewerbsvorteil: Ein exzellenter Kundenservice kann ein wichtiger Wettbewerbsvorteil sein. Es ermöglicht es

Ihnen, sich von der Konkurrenz abzuheben und als vertrauenswürdiger Partner wahrgenommen zu werden.

5.2 Elemente eines guten Kundenservice im B2B-Vertrieb:

Um einen guten Kundenservice zu gewährleisten, sollten folgende Elemente berücksichtigt werden:

5.2.1 Reaktionsfähigkeit: Kunden erwarten schnelle Reaktionen auf Anfragen, Beschwerden oder Probleme. Stellen Sie sicher, dass Sie zeitnah und professionell auf Kundenkommunikation reagieren.

5.2.2 Fachkompetenz: Ihre Vertriebsmitarbeiter sollten über fundiertes Produkt- und Branchenwissen verfügen. Dadurch können sie Kundenfragen kompetent beantworten und individuelle Lösungen bieten.

5.2.3 Individualisierung: Jeder Kunde ist einzigartig. Individuelle Betreuung und maßgeschneiderte Lösungen sind daher wichtig, um den spezifischen Bedürfnissen jedes Kunden gerecht zu werden.

5.2.4 Kundenschulungen: Bieten Sie Schulungen oder Workshops für Ihre Kunden an, um ihnen einen optimalen Nutzen aus Ihren Produkten oder Dienstleistungen zu ermöglichen. Durch eine aktive Unterstützung tragen Sie dazu bei, dass Ihre Kunden erfolgreich sind.

5.3 Kundenbindung im B2B-Vertrieb:

Die Kundenbindung im B2B-Vertrieb geht über den reinen Verkaufsabschluss hinaus. Hier sind einige Ansätze, um eine langfristige Kundenbindung aufzubauen:

5.3.1 Kundenkommunikation: Pflegen Sie regelmäßigen Kontakt zu Ihren Kunden. Informieren Sie sie über Produktneuheiten, relevante Branchentrends oder andere Informationen, die für sie von Interesse sein könnten.

5.3.2 Kundenumfragen: Befragen Sie regelmäßig Ihre Kunden, um deren Zufriedenheit zu messen und Verbesserungspotenziale zu identifizieren. Nehmen Sie das Feedback ernst und setzen Sie entsprechende Maßnahmen um.

5.3.3 Kundenbindungsprogramme: Implementieren Sie Kundenbindungsprogramme, um Kunden zu belohnen und Anreize für eine langfristige Zusammenarbeit zu schaffen. Das können Rabatte, exklusive Angebote oder besondere Veranstaltungen sein.

5.3.4 After-Sales-Service: Bieten Sie einen herausragenden After-Sales-Service an. Stehen Sie Ihren Kunden auch nach dem Verkauf mit Unterstützung und Beratung zur Verfügung. Zeigen Sie, dass Ihnen ihre Zufriedenheit am Herzen liegt.

5.4 Krisenmanagement im B2B-Vertrieb:

Auch im B2B-Vertrieb können Krisen auftreten, sei es durch Lieferprobleme, technische Fehler oder andere unvorhergesehene Situationen. Ein effektives Krisenmanagement ist entscheidend, um das Vertrauen der Kunden aufrechtzuerhalten. Hier sind einige wichtige Schritte:

5.4.1 Proaktive Kommunikation: Informieren Sie Ihre Kunden frühzeitig über die Situation, erläutern Sie die Ursachen und zeigen Sie Lösungswege auf. Transparente Kommunikation schafft Vertrauen und reduziert Unsicherheiten.

5.4.2 Schnelle Reaktion: Handeln Sie schnell und effizient, um die Auswirkungen der Krise zu minimieren. Stellen Sie sicher, dass Ihre Kunden wissen, dass Sie aktiv daran arbeiten, die Situation zu lösen.

5.4.3 Kundenorientierte Lösungen: Bieten Sie Ihren Kunden individuelle Lösungen an, um sie bestmöglich zu unterstützen. Berücksichtigen Sie ihre spezifischen Bedürfnisse und setzen Sie alles daran, ihre Zufriedenheit wiederherzustellen.

5.4.4 Lernprozess: Nutzen Sie Krisensituationen als Lernmöglichkeiten. Analysieren Sie, was schief gelaufen ist, und ergreifen Sie Maßnahmen, um ähnliche Vorfälle in Zukunft zu vermeiden.

Abschließend lässt sich sagen, dass ein exzellenter Kundenservice und eine starke Kundenbindung im B2B-Vertrieb maßgeblich zum Erfolg eines Unternehmens beitragen. Durch die Bereitstellung eines herausragenden Kundenservice können Sie Ihre Kunden langfristig binden und eine positive Reputation aufbauen.

Kapitel 6: Effektives Zeitmanagement im B2B-Vertrieb

Einleitung:

Effektives Zeitmanagement ist von großer Bedeutung im B2B-Vertrieb, da Vertriebsmitarbeiter oft mit einer Vielzahl von Aufgaben und Herausforderungen konfrontiert sind. Eine effiziente Nutzung der zur Verfügung stehenden Zeit ist entscheidend, um produktiv zu sein, Ziele zu erreichen und den Erfolg im Vertrieb zu steigern. In diesem Kapitel werden wir uns mit verschiedenen Aspekten des Zeitmanagements im B2B-Vertrieb auseinandersetzen.

6.1 Bedeutung von Zeitmanagement im B2B-Vertrieb:

Effektives Zeitmanagement bietet zahlreiche Vorteile im B2B-Vertrieb. Hier sind einige davon:

6.1.1 Produktivität: Durch eine optimale Nutzung der Zeit können Vertriebsmitarbeiter ihre Produktivität steigern. Sie können sich auf wichtige Aufgaben konzentrieren und Ablenkungen minimieren.

6.1.2 Effizienz: Ein effektives Zeitmanagement ermöglicht es, Aufgaben effizienter zu erledigen. Durch eine klare Strukturierung des Arbeitsablaufs können Engpässe und unnötige Verzögerungen vermieden werden.

6.1.3 Stressreduktion: Gutes Zeitmanagement hilft dabei, Stress zu reduzieren. Durch die Priorisierung von Aufgaben und eine klare Planung entsteht eine bessere Arbeitsbalance und ein Gefühl der Kontrolle über die eigene Zeit.

6.1.4 Zielorientierung: Durch eine effektive Zeitplanung können Vertriebsmitarbeiter ihre Ziele klar definieren und entsprechende Maßnahmen ergreifen, um sie zu erreichen. Dies fördert den Erfolg im Vertrieb und stärkt die Motivation.

6.2 Tipps für effektives Zeitmanagement im B2B-Vertrieb:

Hier sind einige bewährte Tipps, um das Zeitmanagement im B2B-Vertrieb zu verbessern:

6.2.1 Priorisierung: Identifizieren Sie die wichtigsten Aufgaben und priorisieren Sie sie entsprechend. Fokussieren Sie sich auf Aufgaben, die einen hohen Wert für Ihr Unternehmen haben und setzen Sie klare Prioritäten.

6.2.2 Zeitblöcke: Planen Sie Zeitblöcke für spezifische Aufgaben oder Aufgabentypen ein. Dadurch können Sie sich voll und ganz auf eine Aufgabe konzentrieren, ohne durch Unterbrechungen abgelenkt zu werden.

6.2.3 Delegieren: Identifizieren Sie Aufgaben, die delegiert werden können, und übertragen Sie diese an geeignete Mitarbeiter oder Kollegen. Delegieren entlastet Sie und ermöglicht es Ihnen, sich auf strategischere Aufgaben zu konzentrieren.

6.2.4 Effektive Kommunikation: Kommunizieren Sie klar und präzise mit Ihren Kunden, Kollegen und Vorgesetzten. Klären Sie Erwartungen und vermeiden Sie Missverständnisse, um Zeitverlust durch nachträgliche Korrekturen zu minimieren.

6.2.5 Zeitpuffer einplanen: Planen Sie Zeitpuffer ein, um unvorhergesehene Ereignisse oder dringende Aufgaben zu berücksichtigen. Dadurch bleiben Sie flexibel und können angemessen auf neue Anforderungen reagieren.

6.3 Technologische Unterstützung für Zeitmanagement:

Die Nutzung geeigneter Tools und Technologien kann das Zeitmanagement im B2B-Vertrieb verbessern. Hier sind einige Möglichkeiten:

6.3.1 Kalender- und Terminplanungstools: Verwenden Sie elektronische Kalender und Terminplanungstools, um Ihre Aufgaben und Termine zu organisieren und im Blick zu behalten.

6.3.2 Projektmanagementsoftware: Nutzen Sie Projektmanagementsoftware, um Projekte zu verwalten, Aufgaben zuzuweisen und den Fortschritt zu verfolgen. Dies hilft bei der effizienten Zusammenarbeit und Ressourcenplanung.

6.3.3 Automatisierung von Routineaufgaben: Automatisieren Sie wiederkehrende und zeitraubende Aufgaben, wie z. B. die Erstellung von Berichten oder das Versenden von E-Mails. Dadurch sparen Sie wertvolle Zeit und können sich auf wichtigere Aufgaben konzentrieren.

6.3.4 Mobile Apps: Nutzen Sie mobile Apps, um auch unterwegs auf wichtige Informationen und Aufgaben zugreifen zu können. Dies ermöglicht eine flexible

Arbeitsweise und eine effiziente Nutzung der verfügbaren Zeit.

6.4 Selbstreflexion und kontinuierliche Verbesserung:

Regelmäßige Selbstreflexion und kontinuierliche Verbesserung sind Schlüsselkomponenten für effektives Zeitmanagement. Nehmen Sie sich Zeit, um Ihre Arbeitsweise zu analysieren und zu reflektieren. Identifizieren Sie Verbesserungspotenziale und setzen Sie gezielt Maßnahmen um, um Ihre Effizienz und Produktivität zu steigern.

Fazit:

Effektives Zeitmanagement ist unerlässlich, um im B2B-Vertrieb erfolgreich zu sein. Durch eine optimale Nutzung der zur Verfügung stehenden Zeit können Vertriebsmitarbeiter produktiver, effizienter und stressfreier arbeiten. Die Implementierung von bewährten Zeitmanagement-Strategien, die Nutzung geeigneter Tools und die kontinuierliche Verbesserung der eigenen Arbeitsweise tragen dazu bei, die Erfolgsaussichten im Vertrieb zu maximieren. Im nächsten Kapitel werden wir uns mit dem Thema Kundenanalyse und Zielgruppenbestimmung im B2B-Vertrieb beschäftigen.

Kapitel 7: Kundenanalyse und Zielgruppenbestimmung im B2B-Vertrieb

Einleitung:

Eine fundierte Kundenanalyse und die genaue Bestimmung Ihrer Zielgruppe sind im B2B-Vertrieb von großer Bedeutung. Indem Sie Ihre potenziellen Kunden besser verstehen und deren Bedürfnisse gezielt ansprechen, können Sie Ihre Vertriebsstrategien optimieren und Ihre Erfolgschancen steigern. In diesem Kapitel werden wir uns mit verschiedenen Aspekten der Kundenanalyse und Zielgruppenbestimmung im B2B-Vertrieb beschäftigen.

7.1 Bedeutung der Kundenanalyse im B2B-Vertrieb:

Die Kundenanalyse ermöglicht es Ihnen, Ihre potenziellen Kunden besser zu verstehen und gezielt auf ihre Bedürfnisse einzugehen. Hier sind einige Gründe, warum die Kundenanalyse im B2B-Vertrieb wichtig ist:

7.1.1 Zielgerichtete Ansprache: Durch die Kundenanalyse können Sie Ihre Marketing- und Vertriebsaktivitäten gezielt auf Ihre Zielgruppe ausrichten. Sie können die richtigen Botschaften und Angebote entwickeln, um das Interesse und Vertrauen Ihrer potenziellen Kunden zu gewinnen.

7.1.2 Bedarfsanalyse: Die Kundenanalyse hilft Ihnen dabei, die Bedürfnisse und Herausforderungen Ihrer potenziellen Kunden zu identifizieren. Dadurch können Sie maßgeschneiderte Lösungen anbieten und einen Mehrwert für Ihre Kunden schaffen.

7.1.3 Wettbewerbsvorteil: Eine gründliche Kundenanalyse ermöglicht es Ihnen, sich von der Konkurrenz abzuheben. Sie können Ihre Alleinstellungsmerkmale identifizieren und diese gezielt in Ihrer Vertriebsstrategie kommunizieren.

7.2 Kundenanalyse im B2B-Vertrieb:

Bei der Kundenanalyse im B2B-Vertrieb sollten Sie verschiedene Aspekte berücksichtigen. Hier sind einige wichtige Punkte:

7.2.1 Firmendaten: Erfassen Sie relevante Informationen über potenzielle Kunden, wie Branche, Größe des Unternehmens, Standort und Unternehmensstruktur. Diese Daten helfen Ihnen dabei, die Unternehmen besser einzuordnen und Ihre Ansprache anzupassen.

7.2.2 Entscheidungsträger: Identifizieren Sie die relevanten Entscheidungsträger in den Unternehmen. Finden Sie heraus, wer für den Einkauf oder die Zusammenarbeit mit Lieferanten verantwortlich ist. Das ermöglicht Ihnen eine gezielte Kommunikation und Ansprache der richtigen Personen.

7.2.3 Bedürfnisse und Herausforderungen: Analysieren Sie die Bedürfnisse und Herausforderungen Ihrer potenziellen Kunden. Welche Probleme möchten sie lösen? Welche Ziele verfolgen sie? Indem Sie diese Informationen kennen, können Sie passende Lösungen anbieten und einen Mehrwert für Ihre Kunden schaffen.

7.2.4 Kaufverhalten: Untersuchen Sie das Kaufverhalten Ihrer potenziellen Kunden. Welche Kriterien beeinflussen ihre Kaufentscheidungen? Welche Faktoren sind ihnen wichtig? Diese Erkenntnisse helfen Ihnen dabei, Ihre Vertriebsstrategie entsprechend anzupassen.

7.3 Zielgruppenbestimmung im B2B-Vertrieb:

Die genaue Bestimmung Ihrer Zielgruppe ist ein entscheidender Schritt im B2B-Vertrieb. Hier sind einige Schritte, die Ihnen dabei helfen:

7.3.1 Marktforschung: Führen Sie eine gründliche Marktforschung durch, um den Markt und seine Potenziale zu verstehen. Analysieren Sie die Wettbewerbssituation und identifizieren Sie Marktlücken oder Nischen, in denen Sie sich positionieren können.

7.3.2 Kundensegmentierung: Segmentieren Sie Ihren Markt und Ihre potenzielle Zielgruppe anhand bestimmter Kriterien, wie Branche, Unternehmensgröße oder geografischer Lage. Dadurch können Sie Ihre Ressourcen und Vertriebsaktivitäten effektiver einsetzen.

7.3.3 Buyer Personas: Erstellen Sie Buyer Personas, fiktive Charaktere, die Ihre ideale Zielgruppe repräsentieren. Definieren Sie ihre Demografie, Bedürfnisse, Ziele und Herausforderungen. Dadurch erhalten Sie eine klare Vorstellung davon, wie Sie Ihre Zielgruppe ansprechen und erreichen können.

7.3.4 Positionierung: Basierend auf Ihrer Kundenanalyse und Zielgruppendefinition entwickeln Sie eine klare Positionierung für Ihr Unternehmen und Ihre Produkte. Kommunizieren Sie Ihre Alleinstellungsmerkmale und den Mehrwert, den Sie bieten, um sich von der Konkurrenz abzuheben.

Fazit:

Eine gründliche Kundenanalyse und die genaue Bestimmung Ihrer Zielgruppe sind im B2B-Vertrieb von entscheidender Bedeutung. Indem Sie Ihre potenziellen Kunden besser verstehen, können Sie Ihre Vertriebsstrategien optimieren, gezielter ansprechen und den Erfolg im Vertrieb steigern. Die Analyse von Firmendaten, die Identifizierung der Entscheidungsträger, die Berücksichtigung von Bedürfnissen und Herausforderungen sowie die genaue Bestimmung Ihrer Zielgruppe sind wichtige Schritte, um Ihre Vertriebsaktivitäten zielgerichtet und effektiv zu gestalten. Im nächsten Kapitel werden wir uns mit den Herausforderungen und Chancen des digitalen Wandels im B2B-Vertrieb auseinandersetzen.

Kapitel 8: Herausforderungen und Chancen des digitalen Wandels im B2B-Vertrieb

Einleitung:

Der digitale Wandel hat einen großen Einfluss auf den B2B-Vertrieb. Unternehmen stehen vor neuen Herausforderungen, aber auch vor zahlreichen Chancen, um ihre Vertriebsstrategien zu verbessern und erfolgreich zu sein. In diesem Kapitel werden wir uns mit den Herausforderungen und Chancen des digitalen Wandels im B2B-Vertrieb auseinandersetzen.

8.1 Herausforderungen des digitalen Wandels im B2B-Vertrieb:

Der digitale Wandel bringt einige Herausforderungen mit sich, auf die Unternehmen im B2B-Vertrieb reagieren müssen. Hier sind einige wichtige Herausforderungen:

8.1.1 Verändertes Kundenverhalten: Kunden suchen vermehrt online nach Informationen und tätigen Einkäufe über digitale Kanäle. Unternehmen müssen ihre Vertriebsstrategien anpassen, um den geänderten Erwartungen und Bedürfnissen der Kunden gerecht zu werden.

8.1.2 Intensiver Wettbewerb: Durch die Digitalisierung haben sich neue Wettbewerber auf dem Markt etabliert. Unternehmen müssen sich gegenüber der Konkurrenz differenzieren und innovative Lösungen finden, um im B2B-Vertrieb erfolgreich zu sein.

8.1.3 Datenmanagement und Datenschutz: Mit der Digitalisierung entstehen große Mengen an Daten. Unternehmen müssen in der Lage sein, diese Daten effektiv zu verwalten, zu analysieren und dabei den Datenschutz zu gewährleisten. Der Umgang mit sensiblen Kundendaten erfordert besondere Vorsicht und Einhaltung der geltenden Datenschutzgesetze.

8.1.4 Komplexität der Technologie: Die Vielfalt an digitalen Vertriebskanälen, Tools und Technologien kann für Unternehmen überwältigend sein. Die richtige Auswahl und Implementierung geeigneter Technologien stellt eine Herausforderung dar und erfordert oft spezialisiertes Know-how.

8.2 Chancen des digitalen Wandels im B2B-Vertrieb:

Trotz der Herausforderungen bietet der digitale Wandel auch viele Chancen für Unternehmen im B2B-Vertrieb. Hier sind einige bedeutende Chancen:

8.2.1 Erweiterte Reichweite: Durch die Digitalisierung können Unternehmen ihre Reichweite erheblich erweitern. Online-Marktplätze, soziale Medien und andere digitale Kanäle ermöglichen es Unternehmen, potenzielle Kunden weltweit anzusprechen und neue Märkte zu erschließen.

8.2.2 Personalisierung und Kundenerlebnis: Digitale Technologien ermöglichen eine personalisierte Ansprache und ein individuelles Kundenerlebnis. Durch datenbasierte Analysen können Unternehmen maßgeschneiderte Angebote und Empfehlungen erstellen, die die Bedürfnisse ihrer Kunden besser erfüllen.

8.2.3 Effizienzsteigerung: Die Automatisierung von Prozessen und der Einsatz von digitalen Tools können die Effizienz im Vertrieb erhöhen. Durch den Einsatz von CRM-Systemen, Marketingautomatisierung und KI-Technologien können Unternehmen Zeit sparen und ihre Ressourcen optimal nutzen.

8.2.4 Datenbasierte Entscheidungen: Mit der Digitalisierung haben Unternehmen Zugang zu umfangreichen Daten über ihre Kunden und den Markt. Durch die Analyse dieser Daten können fundierte Entscheidungen getroffen und Vertriebsstrategien kontinuierlich optimiert werden.

8.3 Implementierung einer erfolgreichen Digitalstrategie:

Um die Chancen des digitalen Wandels zu nutzen und den Herausforderungen zu begegnen, ist die Implementierung einer erfolgreichen Digitalstrategie von entscheidender Bedeutung. Hier sind einige Schritte, die Unternehmen berücksichtigen sollten:

8.3.1 Klare Ziele definieren: Legen Sie klare Ziele fest, die Sie mit Ihrer Digitalstrategie erreichen möchten. Dies kann die Steigerung der Online-Präsenz, die Verbesserung des Kundenerlebnisses oder die Erschließung neuer Märkte umfassen.

8.3.2 Kundenorientierung: Fokussieren Sie sich auf die Bedürfnisse Ihrer Kunden und stellen Sie sicher, dass Ihre Digitalstrategie darauf ausgerichtet ist, ihnen einen Mehrwert zu bieten und ihre Erwartungen zu erfüllen.

8.3.3 Technologieauswahl: Wählen Sie die richtigen Technologien und Tools aus, die Ihren spezifischen Anforderungen entsprechen. Berücksichtigen Sie dabei die Integration bestehender Systeme und die Skalierbarkeit der Lösungen.

8.3.4 Change-Management: Der digitale Wandel erfordert oft Veränderungen in der Unternehmenskultur und bei den Mitarbeitern. Ein erfolgreiches Change-Management ist entscheidend, um die Akzeptanz und die effektive Nutzung der digitalen Strategie sicherzustellen.

Fazit:

Der digitale Wandel stellt Unternehmen im B2B-Vertrieb vor Herausforderungen, bietet jedoch auch vielfältige Chancen zur Verbesserung ihrer Vertriebsstrategien. Durch die Anpassung an das veränderte Kundenverhalten, die Nutzung von Daten und Technologien sowie die Implementierung einer erfolgreichen Digitalstrategie können Unternehmen im B2B-Vertrieb erfolgreich sein und ihre Wettbewerbsfähigkeit steigern. Im nächsten Kapitel werden wir uns mit der Bedeutung von Beziehungsmanagement und Kundenbindung im B2B-Vertrieb beschäftigen.

Kapitel 9: Beziehungsmanagement und Kundenbindung im B2B-Vertrieb

Einleitung:

Im B2B-Vertrieb ist eine gute Beziehung zu den Kunden von großer Bedeutung. Durch ein effektives Beziehungsmanagement und eine starke Kundenbindung können Unternehmen langfristige und profitable Geschäftsbeziehungen aufbauen. In diesem Kapitel werden wir uns mit der Bedeutung von Beziehungsmanagement und Kundenbindung im B2B-Vertrieb auseinandersetzen und praktische Tipps zur Umsetzung geben.

9.1 Warum Beziehungsmanagement im B2B-Vertrieb wichtig ist:

Das Beziehungsmanagement spielt im B2B-Vertrieb eine entscheidende Rolle. Hier sind einige Gründe, warum Beziehungsmanagement wichtig ist:

9.1.1 Vertrauensaufbau: Durch ein gutes Beziehungsmanagement können Sie das Vertrauen Ihrer Kunden gewinnen. Vertrauen ist ein wichtiger Faktor im B2B-Bereich, da Geschäfte oft langfristige Investitionen erfordern.

9.1.2 Kundenbindung: Eine starke Kundenbindung ermöglicht es Ihnen, langfristige Geschäftsbeziehungen aufzubauen. Loyalität und wiederkehrende Aufträge sind für den Erfolg im B2B-Vertrieb entscheidend.

9.1.3 Empfehlungsmarketing: Wenn Sie eine gute Beziehung zu Ihren Kunden aufbauen, steigt die Wahrscheinlichkeit, dass sie Ihr Unternehmen weiterempfehlen. Empfehlungen können wertvolle neue Geschäftsmöglichkeiten generieren.

9.2 Praktische Tipps für effektives Beziehungsmanagement im B2B-Vertrieb:

Hier sind einige praktische Tipps, um effektives Beziehungsmanagement im B2B-Vertrieb umzusetzen:

9.2.1 Kundennähe: Zeigen Sie Interesse an Ihren Kunden und deren Bedürfnissen. Nehmen Sie sich Zeit, um ihre Herausforderungen zu verstehen und maßgeschneiderte Lösungen anzubieten. Regelmäßige Kommunikation und persönliche Treffen sind dabei von großer Bedeutung.

9.2.2 Kundenservice: Bieten Sie einen exzellenten Kundenservice und stellen Sie sicher, dass Probleme und Anliegen Ihrer Kunden schnell und zufriedenstellend gelöst werden. Ein guter Kundenservice stärkt die Kundenbindung und fördert positive Kundenbeziehungen.

9.2.3 Kundendaten verwalten: Pflegen Sie eine saubere und aktuelle Kundendatenbank. Erfassen Sie relevante Informationen über Ihre Kunden, um ihre individuellen Bedürfnisse besser zu verstehen und gezielte Marketing- und Vertriebsaktionen durchzuführen.

9.2.4 Kundenfeedback einholen: Fordern Sie regelmäßig Feedback von Ihren Kunden ein. Analysieren Sie deren Erfahrungen und Meinungen, um Verbesserungspotenziale zu identifizieren. Das zeigt Ihren Kunden, dass Sie ihr Feedback wertschätzen und bestrebt sind, ihre Zufriedenheit zu steigern.

9.3 Maßnahmen zur Kundenbindung im B2B-Vertrieb:

Neben dem Beziehungsmanagement gibt es verschiedene Maßnahmen, um die Kundenbindung im B2B-Vertrieb zu stärken. Hier sind einige wichtige Ansätze:

9.3.1 Angepasste Angebote: Bieten Sie individuelle Angebote und maßgeschneiderte Lösungen an, die den Bedürfnissen Ihrer Kunden entsprechen. Berücksichtigen Sie dabei deren Präferenzen, Herausforderungen und Ziele.

9.3.2 Langfristige Partnerschaften: Stellen Sie sich nicht nur als Lieferant, sondern als Partner für Ihre Kunden dar. Bauen Sie langfristige Geschäftsbeziehungen auf, die auf Vertrauen, Zusammenarbeit und gemeinsamem Erfolg basieren.

9.3.3 Kundenbindungsprogramme: Implementieren Sie Kundenbindungsprogramme, die Anreize bieten und Kunden dazu ermutigen, bei Ihnen zu bleiben. Das können beispielsweise Rabatte, exklusive Angebote oder Bonuspunkte für wiederholte Käufe sein.

9.3.4 Weiterbildung und Support: Bieten Sie Ihren Kunden kontinuierliche Weiterbildungsmöglichkeiten und einen guten Kundensupport. Indem Sie ihnen dabei helfen, ihre Ziele zu erreichen und ihre Mitarbeiter zu schulen, stärken Sie die Kundenbindung und zeigen Ihre Expertise.

Fazit:

Effektives Beziehungsmanagement und Kundenbindung sind im B2B-Vertrieb von großer Bedeutung. Durch den Aufbau starker Kundenbeziehungen, exzellenten Kundenservice und maßgeschneiderte Angebote können Unternehmen langfristige Geschäftsbeziehungen aufbauen und die Kundenbindung stärken. Eine gute Kundenbindung führt zu wiederkehrenden Aufträgen, Empfehlungen und letztendlich zum Erfolg im B2B-Vertrieb. Im nächsten Kapitel werden wir uns mit dem Thema Verhandlungsführung im B2B-Vertrieb befassen.

Kapitel 10: Verhandlungsführung im B2B-Vertrieb

<u>Einleitung:</u>

Die Fähigkeit, erfolgreich zu verhandeln, ist im B2B-Vertrieb von entscheidender Bedeutung. Verhandlungen können den Unterschied zwischen einem gewonnenen oder verlorenen Geschäft ausmachen. In diesem Kapitel werden wir uns mit der Kunst der Verhandlungsführung im B2B-Vertrieb auseinandersetzen und Ihnen praktische Tipps geben, um Ihre Verhandlungsfähigkeiten zu verbessern.

10.1 Vorbereitung auf die Verhandlung:

Eine gute Vorbereitung ist der Schlüssel zu einer erfolgreichen Verhandlung. Hier sind einige wichtige Schritte, die Sie vor einer Verhandlung durchführen sollten:

10.1.1 Ziele festlegen: Definieren Sie klare Ziele für die Verhandlung. Überlegen Sie, was Sie erreichen möchten und welche Kompromisse Sie eingehen können.

10.1.2 Informationen sammeln: Recherchieren Sie gründlich über Ihren Kunden, deren Bedürfnisse, Wettbewerber und die Marktbedingungen. Je besser Sie informiert sind, desto stärker stehen Sie in der Verhandlung.

10.1.3 Argumente vorbereiten: Erstellen Sie eine Liste von Argumenten und Vorteilen, die Ihre Produkte oder Dienstleistungen bieten. Überlegen Sie sich auch mögliche Gegenargumente und wie Sie darauf reagieren können.

10.1.4 Alternative Lösungen entwickeln: Denken Sie über alternative Lösungen nach, die für beide Parteien akzeptabel sein könnten. Dies zeigt Flexibilität und ermöglicht es Ihnen, auf unvorhergesehene Situationen zu reagieren.

10.2 Verhandlungstechniken und -strategien:

Im B2B-Vertrieb gibt es verschiedene Techniken und Strategien, die Ihnen helfen können, erfolgreich zu verhandeln. Hier sind einige bewährte Ansätze:

10.2.1 Win-Win-Ansatz: Streben Sie nach einer Win-Win-Situation, bei der beide Parteien von der Vereinbarung profitieren. Suchen Sie nach gemeinsamen Interessen und versuchen Sie, eine Lösung zu finden, die für beide Seiten vorteilhaft ist.

10.2.2 Verhandlungsspielraum kennen: Gehen Sie in eine Verhandlung mit einem klaren Verständnis Ihres maximalen Spielraums. Setzen Sie sich eine Schmerzgrenze, über die Sie nicht hinausgehen können, und halten Sie Ihre Ziele im Blick.

10.2.3 Aktives Zuhören: Zeigen Sie Interesse an den Standpunkten und Bedenken der anderen Partei. Praktizieren Sie aktives Zuhören, stellen Sie Fragen und versuchen Sie, die Perspektive der Gegenseite zu verstehen.

10.2.4 Kompromisse eingehen: Seien Sie bereit, Kompromisse einzugehen, um eine Einigung zu erzielen. Priorisieren Sie Ihre Ziele und überlegen Sie, welche

Zugeständnisse Sie machen können, um die Beziehung zu Ihrem Kunden zu stärken.

10.3 Umgang mit schwierigen Verhandlungssituationen:

Manchmal können Verhandlungen herausfordernd sein, insbesondere wenn es Meinungsverschiedenheiten oder Konflikte gibt. Hier sind einige Tipps, wie Sie mit schwierigen Verhandlungssituationen umgehen können:

10.3.1 Ruhe bewahren: Bleiben Sie ruhig und gelassen, auch wenn die Situation hitzig wird. Vermeiden Sie es, persönlich zu werden oder sich auf unfaire Taktiken einzulassen.

10.3.2 Konstruktive Kommunikation: Kommunizieren Sie klar und präzise, um Missverständnisse zu vermeiden. Versuchen Sie, konstruktive Lösungen anzubieten und auf eine offene und respektvolle Art und Weise zu kommunizieren.

10.3.3 Win-Win suchen: Suchen Sie nach Möglichkeiten, in schwierigen Situationen eine Win-Win-Lösung zu finden. Betrachten Sie die Situation aus verschiedenen Perspektiven und versuchen Sie, gemeinsame Interessen zu identifizieren.

10.3.4 Verhandlungspause einlegen: Wenn die Verhandlungen festgefahren sind, nehmen Sie sich Zeit, um eine Pause einzulegen. Manchmal kann eine kurze Unterbrechung dazu führen, dass beide Parteien wieder mit einem klaren Kopf und offeneren Gedanken zurückkehren.

Fazit:

Die Verhandlungsführung im B2B-Vertrieb erfordert Vorbereitung, Geschick und Flexibilität. Durch eine gründliche Vorbereitung, den Einsatz geeigneter Verhandlungstechniken und den Umgang mit schwierigen Situationen können Sie erfolgreich Verhandlungen führen und positive Ergebnisse erzielen. Eine gute Verhandlungsführung stärkt nicht nur die Beziehung zu Ihren Kunden, sondern trägt auch zur langfristigen Geschäftsentwicklung bei. Im nächsten Kapitel werden wir uns mit der Bedeutung des Kundenerfolgs im B2B-Vertrieb beschäftigen.

Schlusswort des Autors

Liebe Leserinnen und Leser,

mit meinem Buch "Erfolgreich im B2B-Vertrieb" hoffe ich, dass ich Ihnen wertvolle Einblicke und praktische Ratschläge geben konnte, um Ihre Vertriebsstrategien zu verbessern und im B2B-Umfeld erfolgreich zu sein. Es war mir eine große Freude, mein Wissen und meine Erfahrungen mit Ihnen zu teilen.

Der B2B-Vertrieb ist ein dynamisches und anspruchsvolles Feld, das ständige Anpassungen und Weiterentwicklungen erfordert. Die Geschäftswelt verändert sich rasant, neue Technologien und Markttrends beeinflussen unsere Arbeitsweise, und die Bedürfnisse und Erwartungen der Kunden entwickeln sich kontinuierlich weiter.

Ich möchte Sie ermutigen, nicht nur das Gelesene zu verstehen, sondern es in die Tat umzusetzen. Nutzen Sie das erlangte Wissen, um Ihre Vertriebsstrategien zu optimieren, neue Wege zu gehen und Ihre Kundenbeziehungen zu stärken. Seien Sie mutig, seien Sie innovativ und seien Sie bereit, sich den Herausforderungen des B2B-Vertriebs mit Zuversicht zu stellen.

Denken Sie daran, dass der Erfolg im B2B-Vertrieb nicht über Nacht kommt. Es erfordert Ausdauer, Engagement und die Bereitschaft, aus Fehlern zu lernen. Seien Sie geduldig und beharrlich, denn selbst wenn Sie auf Rückschläge stoßen, sind sie oft wertvolle Lektionen auf dem Weg zum Erfolg.

Ich möchte mich bei Ihnen bedanken, dass Sie sich die Zeit genommen haben, mein Buch zu lesen. Ich hoffe, dass es Ihnen dabei geholfen hat, neue Erkenntnisse zu gewinnen und Ihre Perspektive auf den B2B-Vertrieb zu erweitern. Ich würde mich freuen, wenn Sie das Gelernte mit Kollegen und Geschäftspartnern teilen und gemeinsam daran arbeiten, den B2B-Vertrieb auf ein neues Niveau zu heben.

Abschließend möchte ich Ihnen viel Erfolg und Zufriedenheit in Ihrer beruflichen Laufbahn im B2B-Vertrieb wünschen. Bleiben Sie neugierig, bleiben Sie lernbereit und setzen Sie das Erlernte in die Praxis um. Ich bin zuversichtlich, dass Sie Ihre Ziele erreichen und Ihr Unternehmen auf dem Weg zum Erfolg begleiten werden.

Mit herzlichen Grüßen,

Andreas Sawall

© 2023 Andreas Sawall
Herstellung und Verlag:
BoD – Books on Demand, Norderstedt
ISBN: 9783757809638